Friedhold Vogel · Mut zum Gebet

FRIEDHOLD VOGEL

MUT ZUM GEBET

CHRISTLICHES VERLAGSHAUS GMBH
STUTTGART

Bücher, die dieses Zeichen tragen, wollen die Botschaft von Jesus Christus in unserer Zeit glaubhaft bezeugen.

Das ABCteam-Programm umfaßt:

ABCteam-Taschenbücher
ABCteam-Paperbacks mit den Sonderreihen:
Glauben und Denken (G+D) und Werkbücher (W)
ABCteam-Jugendbücher (J)
ABCteam-Geschenkbände

ABCteam-Bücher erscheinen in folgenden Verlagen:

Aussaat Verlag Wuppertal / R. Brockhaus Verlag Wuppertal / Brunnen Verlag Gießen / Bundes Verlag Witten / Christliches Verlagshaus Stuttgart / Oncken Verlag Wuppertal / Schriftenmissions-Verlag Gladbeck

ABCteam-Bücher kann jede Buchhandlung besorgen.

3. Auflage 1980

Umschlaggestaltung: Erich Augstein, Gießen
Gesamtherstellung: Druckhaus West GmbH, Stuttgart
ISBN 3-7675-3111-9

INHALT

THEMA GEBET

In München hörte ich vor Jahren den Ausspruch: „Was wir im Gebet sind, das sind wir wirklich." — Dieser Satz berührte eine wunde Stelle in meinem Leben, darum wollte ich zuerst an ihm vorübereilen, aber es gelang nicht. Er tauchte immer wieder in meinem Gedächtnis auf und ließ mir keine Ruhe. „... das sind wir wirklich." Verstehen Sie: Wenn ich im Gebet nichts zu sagen habe, dann ist mein ganzes Leben nichtssagend, und wenn ich im Gebet oberflächlich bin, dann ist mein ganzes Leben seicht. Aber auch das andere gilt: Wenn ich im Gebet tief bin, dann hat mein ganzes Leben Gewicht.

Alle Show bricht da zusammen, wo ein Mensch bewußt vor der letzten Instanz der Geschichte — vor Jesus Christus — steht, um mit ihm zu sprechen. Die Sätze, die ich dort spreche, und die Dinge, die ich dort nenne, das bin ich wirklich. So bin ich, so erbärmlich, so nichtssagend, so formelhaft — oder eben so erfüllt von Jesus Christus, so echt mit ihm verbunden, so durchglüht von seiner Liebe. Beten Sie — und Sie wissen, wer Sie sind!

Nach einem Vortragsabend blieb ein junger Mann zurück. „Haben Sie Zeit für mich?" fragte er. Wir gingen in einen Nebenraum, und dort hat er ausgepackt. Es war keine Generalreinigung seines Lebens, diese lag schon einige Jahre zurück, es war ein Bekennen von Verfehlungen, die das junge Christsein belasteten. Dann beteten wir, und nach den ersten Sätzen, die jener junge Mann sprach, wußte ich, hier kniet einer, der seinen Herrn kennt und liebt, hier ist wirklich Verbindung zwischen einem Menschen und Gott. Kein Geplapper, kein intellektuelles Gerede, kein traditionelles Geschwätz — hier ist Leben, Liebe, Hingabe, Erfahrung.

Das wirkliche Gebet durchbricht die Mauer der Zeit, überwindet Dimensionen und erfüllt das Leben mit göttlicher Energie. Wenn Sie ein reiches und dynamisches Christsein führen wollen, dann beten Sie, lernen Sie zu beten und trainieren Sie sich im Gebet. Überlassen Sie dieses wichtige Gebiet des Christseins nicht dem Zufall, den Gefühlen oder dem Sonntag. Legen Sie alles darauf an, ein Mensch des Gebets zu werden, ein Mensch, dessen Denken, Fühlen und Wollen, dessen Reden und Tun vom Gebet geprägt ist.

Treten Sie in die Nähe Gottes, und Sie werden erfahren, daß hier Ihr Leben total verändert wird.

Edwards McKendree Bounds sagte:

„Menschen, die das Gebet zu ihrer Hauptaufgabe machen und sich Zeit dazu nehmen, gemäß ihrer hohen Einschätzung seiner Bedeutung, denen vertraut Gott die Schlüssel zu seinem Reich an. Durch sie wirkt er seine geistlichen Wunder in dieser Welt."

„Betet allezeit mit Bitten und Flehen im Geist." Epheser 6, 18

„Haltet an am Gebet und wachet in ihm mit Danksagung." Kolosser 4, 2

„Des Gerechten Gebet vermag viel, wenn es ernstlich ist." Jakobus 5, 16

Keiner sage, er sei zu jung oder zu vielbeschäftigt; Gott bewertet die Sehnsucht des Herzens und die Bereitschaft zum Einsatz im Gebet.

Ich möchte Ihnen Mut machen zum Gebet, denn das Größte im Leben geschieht dort, wo ein Mensch sich im Gebet offen und vertrauensvoll Jesus Christus zuwendet.

GEBET – MERKMAL DES NEUEN LEBENS

„Der Herr sprach zu Ananias: Stehe auf und gehe hin in die Gasse, die da heißt die gerade, und frage in dem Hause des Judas nach einem namens Saul von Tarsus. Denn siehe, er b e t e t."

Apostelgeschichte 9, 11

Wenn Sie an Jesus Christus glauben, wenn Ihr Leben durch Vergebung der Sünde eine neue Richtung bekommen hat, dann ist das Gebet ein Merkmal Ihres neuen Lebens. Das wird uns in dem Bericht Apostelgeschichte 9 sehr deutlich gezeigt. Man muß diese Geschichte kennen, wenn man verstehen will, was hier passiert. Saulus von Tarsus war ein frommer Jude. Er betete morgens, er betete am Mittag, und er betete abends. Keine der vorgeschriebenen Gebetszeiten ließ er aus. So hatte er auf seinem religiösen Konto einige tausend Gebete gebucht. Für ihn war das Gebet nichts Außergewöhnliches, es gehörte sozusagen zum Rhythmus seines Lebens.

Eines Tages aber erlebt er einen ungeheuren Schlag. Saulus von Tarsus reitet im Auftrag des Hohen Rates nach Damaskus. Dort soll er die gefährliche Sekte der Jesus-Anbeter sprengen. Aber vor den Toren von Damaskus begegnet er Jesus selbst, und an dieser Begegnung zerbricht sein Leben.

Er muß erkennen, daß er viel Religion hat, aber keine lebendige Beziehung zu Gott, keine Gemeinschaft mit dem Schöpfer. So wankt er zerschlagen hinein nach Damaskus. Im Haus des Judas wirft er sich nieder vor Gott – und betet. „Siehe, er betet" – sagt Jesus Christus in einer Vision zu

Ananias, der zu ihm gehen soll, um ihn im Auftrag Jesu zu segnen, und ihm den Weg zur echten Gemeinschaft mit Gott zu zeigen.

Tausend Gebete und mehr hatte Saul von Tarsus vor jenem Gebet gesprochen. Gott wischte sie alle vom Tisch, weil sie aus einem unwiedergeborenen Herzen kamen. Dies war das erste Gebet, das wog. Es war der erste Schrei des neuen Lebens.

Dieser biblische Bericht baut Mißverständnisse ab: Gebet und Gebet ist nicht dasselbe.

Ein Beispiel: Ich komme in eine nette Familie. Die Kinder ziehen an mir vorüber und reichen mir wohlerzogen die Hand. Bei der Kleinsten sagt die Dame des Hauses stolz: „Herr Pastor, die sollten sie mal hören, sie kann schon ganz süß zu Tisch beten."

Verstehen Sie, das Tischgebet ist noch kein Merkmal, daß ein Mensch zu Jesus Christus gehört, auch das traditionelle Morgen- und Abendgebet ist noch kein Beweis dafür, daß ein Mensch schon zum lebendigen Glauben an Jesus Christus gekommen ist. Vielleicht tut man das alles noch, weil Großmutter das auch getan hat und dann das Gewissen . . .

Wie viel wird auf dieser Erde gebetet und doch, wie viele der Menschen, die beten, leben an Jesus Christus vorbei, so wie Saulus von Tarsus vor der entscheidenden Stunde bei Damaskus.

Nur der kann wahrhaft beten, der sein Leben Jesus Christus übergeben hat. Für ihn ist das Gebet ein Gespräch mit seinem Herrn. Dieses Gespräch läßt sich nicht auf knappe zwei Minuten am Morgen eindämmen, es läßt sich auch nicht in bestimmte Gebetszeiten einfangen, es ist frei, völlig frei und ungebunden.

Während ich diese Zeilen in die Maschine tippe, rede ich mit meinem Herrn und bitte ihn um die rechten Gedanken.

Genauso kann ich mit ihm reden, während ich mit hundertzwanzig über die Autobahn fahre oder in einer harten Diskussion im Offenen Jugendabend das rechte Wort suche.

Wer Jesus Christus angehört, hat immer grünes Licht zum Gebet, das meint die Bibel, wenn sie sagt:

„Und betet allezeit mit Bitten und Flehen im Geist." *Epheser 6, 18*

„Betet ohne Unterlaß."
1. Thessalonicher 5, 17

Dieses ständige und freie Reden mit Jesus Christus ist das Merkmal des neuen Lebens.

Dazu ein Erlebnis: Vor Jahren führte ich an den Osterseen eine Zeltlagerfreizeit durch. Junge Menschen von 14—17 Jahren nahmen daran teil. Es war in den ersten Tagen keine leichte Arbeit mit ihnen. Sie kamen aus einem Milieu, das nicht vom Christsein geprägt war. Aber an einem Abend passierte es dann, daß nach der Andacht der erste zu mir kam, um sein Leben Christus auszuliefern. Und dann ging es wie ein Lauffeuer von Zelt zu Zelt. Ich hatte bis spät in die Nacht hinein Aussprachen, und viele junge Menschen übergaben auf den Knien ihr Leben Jesus Christus.

Am darauffolgenden Tag machte ich eine wunderbare Entdeckung: bei meinem Gang durch das Gelände sah ich, wie zwei dieser jungen Männer nebeneinandersaßen und sprachen. Ich ging an ihnen vorbei, und plötzlich entdeckte ich, daß sie nicht miteinander, sondern mit Jesus Christus sprachen. Als ich ein wenig weiterging, sah ich an einem kleinen See eine andere Gruppe von jungen Menschen, und sie beteten auch. Später fragte ich Karlheinz: „Du, sag mal, wie kommt es, daß du jetzt betest?" Da antwortete er, und seine Augen strahlten: „Es ist für mich so faszinierend, zu erleben, daß Gott, der das ganze Universum geschaffen hat, mich hört, wenn ich bete. Ich möchte jetzt alles, auch die kleinsten Dinge, mit ihm besprechen.“

Anleitung: Jesus Christus ist jederzeit zu sprechen! Alle Freuden, Sorgen, Begegnungen, Probleme, alle Höhen und Tiefen des Lebens sollen ein Anlaß sein, mit Jesus Christus zu sprechen.

WAS HEISST DAS – BETEN?

Wer sich für Jesus Christus entschieden hat, der darf sein Leben noch einmal neu beginnen. Das ist die große Chance, die Gott uns anbietet. Haben wir sie schon wirklich ergriffen? Neubeginn heißt auch, daß wir nichts unbesehen und ungeprüft aus der Vergangenheit, aus dem alten Leben ins neue Leben übernehmen. Alles gehört jetzt unter die Kontrolle des Wortes Gottes und wird von diesem Wort her korrigiert, abgelehnt oder angenommen.

Hier wollen wir der Frage nachgehen, was Beten wirklich heißt. Für einen Jesusnachfolger ist es ein lohnendes Abenteuer, einen Begriff auf seine ursprüngliche Bedeutung hin zu untersuchen.

Gebet ist ein belasteter und schillernder Begriff, darum ist es für unser neues Leben wichtig, die Bibel zu fragen, was sie über das Gebet zu sagen hat.

Beten heißt: Dem Vater begegnen.

„Darum beuge ich meine Knie vor dem Vater." Epheser 3, 14

„Abraham blieb stehen vor dem Herrn." 1. Mose 18, 22

Meditation, Versenkung, autogenes Training sind heute in der breiten Öffentlichkeit bekannte Begriffe. Der überforderte Mensch sucht einen Raum der Stille, er will wieder zu sich selber finden. Wer diese Praktiken aber mit Gebet gleichsetz , ist völlig falsch beraten. Bei diesen Übungen bleibt der Mensch allein mit sich – im Gebet hat er ein Gegenüber. Vor dem Vater beugt der Apostel Paulus seine Knie. Gott ist da, das ist die beglückende Erfahrung, die der Beter macht.

Anleitung: **Ihr Herr ist da!** Sie reden nicht gegen die Wand, Sie reden auch nicht ins Blaue hinein, Sie reden auch nicht mit sich selber. Der heilige Gott, der in Jesus Christus Ihr Vater ist, umgibt Sie.

Beten heißt: Mit dem Vater sprechen.

„Jesus hob seine Augen auf gen Himmel und sprach: Vater ..." Johannes 17, 1

Wenn Sie irgendwo lernen können, was Gebet wirklich

ist, dann bei Jesus Christus. Von ihm hören wir, daß Gebet ein Sprechen mit dem Vater ist, eine Zwiesprache also. Zwiesprache aber heißt nicht Vorlesung. Wenn ich aus einem Gebetbuch ein Gebet lese, dann ist das noch kein Reden mit Gott. Es kann zum Reden mit Gott führen, aber es ist sicher besser, Sie legen diese Hilfen zur Seite und beginnen, persönlich mit dem Vater zu sprechen. Unter die gleiche Rubrik fallen auch die Gebetsverse. Sie dürfen mit dem Vater im Himmel wie mit Ihrem besten Freund sprechen. Dabei brauchen Sie den Tonfall nicht zu verändern, und Sie brauchen auch nicht ausgefallene oder fromme Formulierungen zu suchen. Sprechen können Sie, einfach sprechen. So bespricht Jesus Christus in Johannes 17 mit seinem Vater die ihn bewegenden Anliegen, und genauso dürfen Sie es auch tun.

Anleitung: Sprechen Sie mit Ihrem Herrn natürlich und ungezwungen. Alles andere führt zu einem gespaltenen Leben.

Beten heißt: Das Herz vor Gott ausschütten.

„Schüttet euer Herz vor ihm aus; Gott ist unsre Zuversicht.“ *Psalm 62, 9*

Wer eine Einkaufstasche ausschüttet, muß sich klar darüber sein, daß alles, was drin ist, herausfällt. Und dann liegt das nicht fein säuberlich sortiert auf dem Tisch, sondern es ist ein wirres Durcheinander. So dürfen Sie vor Jesus Christus Ihr Herz gleichsam umkippen. Alles darf vor ihm ausgesprochen werden, und dieses Ausschütten entlastet und befreit Ihr Leben. Sie brauchen also Ihre Anliegen und Probleme, den Ärger und die Freuden nicht erst zu sieben, ehe Sie sie Gott nennen. Sie dürfen im Gebet entrümpeln.

Anleitung: **Befreites Leben durch tägliche Gebetsentrümpelung.** Dabei lernen Sie die Tiefen Ihres eigenen Herzens kennen, aber auch die Tiefe der Liebe Gottes.

Beten kann auch heißen: Zu Gott schreien.

„Die dann zum Herrn schrien in ihrer Not, und er führte sie aus ihren Ängsten."
Psalm 107, 28

Wer schreit, verliert sein Gesicht. Er hat sich nicht mehr unter Kontrolle. Er ist überwältigt vom Schmerz, von der Not – oder vielleicht auch von der Freude. In der menschlichen Gesellschaft verstößt das gegen den guten Ton, wenn einer seinen Gefühlen in dieser Weise freien Lauf läßt, und man ist davon unangenehm berührt. Anders ist das allerdings in der Gegenwart Gottes. Dort darf ich schreien, dort darf ich auch getrost mein Gesicht verlieren, dort darf ich meinen Gefühlen freien Lauf lassen. Vor dieser erlösenden Liebe ist Tarnung und Zivilcourage unangebracht. Mein Herr hat in den Gebetsnächten geschrien und geweint (Hebräer 5, 7), so darf auch ich in der Not meines Herzens zu ihm schreien.

Anleitung: Unterdrücken Sie Ihre Gefühle nicht. Ihr Verhältnis zu Jesus Christus wird kühl, wenn Sie um jeden Preis Haltung bewahren wollen.

„Dem Vater begegnen", „mit dem Vater sprechen", „das Herz vor Gott ausschütten" oder gelegentlich auch zu Gott „schreien" – das heißt beten. Herrliche Freiheit der Kinder Gottes, die einen solchen vertrauten Umgang haben mit ihrem Vater und mit ihrem Herrn.

NUR ÄUSSERLICHKEITEN?

Die Bibel gibt uns gewisse Tips für unser Gebetsleben. Manche schieben diese Ratschläge mit einer Handbewegung zur Seite und sagen: Das sind doch nur Äußerlichkeiten. Nun – ich bin anderer Meinung, und Sie dürfen entscheiden.

Gebet und Raum

„Wenn du aber betest, so gehe in dein Kämmerlein." *Matthäus 6, 6*

Das Kämmerlein, von dem hier die Rede ist, war in Israel der einzige abschließbare Raum im Hause. Da hinein sollte der Beter gehen, um wirklich allein und ungestört zu sein. Hier kann er sein Herz ausschütten, und hier kann er auch schreien. Hier kann er reden, ohne Angst haben zu müssen, daß plötzlich die Tür aufgeht und ein anderer mithört. Für Ihre persönliche stille Zeit sollten Sie sich einen solchen Raum suchen.

Wenn ich unterwegs bin, auf Evangelisationen, Konferenzen oder im Urlaub, suche ich immer zuerst eine Möglichkeit zur persönlichen Stille, einen Raum, in dem ich ungestört mit meinem Herrn im Gespräch sein kann. Natürlich – ich kann überall mit ihm reden, aber ich brauche auch dieses konzentrierte Gespräch im Kämmerlein.

Gebet und Zeit

„Und des Morgens vor Tage stand Jesus auf und ging hinaus. Und er ging an eine einsame Stätte und betete daselbst."
Markus 1, 35

„Herr, frühe wollest du meine Stimme hören, frühe will ich mich zu dir wenden und aufmerken." *Psalm 5, 4*

Edward Bounds hat gesagt: „Die Menschen, die in dieser Welt am meisten für Gott getan haben, waren früh auf ihren Knien. Wer die frühen Morgenstunden mit ihren Gelegenheiten mit anderen Dingen vertrödelt und Gott nicht sucht, dem wird es schwerlich gelingen, ihn den Rest des Tages über noch zu suchen."

Jesus Christus stand vor Tage auf. David redete in den frühen Morgenstunden mit Gott. Von Daniel wissen wir, daß er früh auf den Knien lag, und auch Paulus hat das praktiziert.

Aber haben wir nicht gesagt, daß Jesus Christus jederzeit

zu sprechen ist und daß man dieses Reden mit Gott nicht auf eine bestimmte Zeit einschränken darf? Ja – das ist richtig, und daran halten wir fest. Die biblische Linie lautet: Jederzeit und zu einer bestimmten Zeit. Keiner wird zu diesem freien Umgang mit seinem Herrn finden, der nicht in der Frühe des Tages sein Angesicht gesucht und sein Herz eingestellt hat.

Sicher, es kostet Überwindung, eine Zeit des Schlafes zu opfern, aber wer diese Ketten nicht sprengen kann, hat wenig Verlangen nach Gott, und er wird dementsprechend auch ein kraftloses Christsein leben.

Wann werden die Instrumente gestimmt? Natürlich vor dem Konzert. So soll auch unser Leben, unsere Gesinnung, unser Denken und Fühlen im Gespräch mit Christus eingestimmt werden, bevor die Aufgaben und Begegnungen des Tages uns überfallen. Diese stille Zeit am Morgen beginnt damit, daß ich den Abend richtig einplane, daß ich – wenn irgend möglich – so zeitig schlafen gehe, daß ich am Morgen früh aufstehen kann.

Wenn die ersten Minuten des Tages von der Begegnung mit Jesus geprägt sind, dann werden es auch die folgenden Stunden sein. Bedenken Sie bitte, daß ein Fehlstart sehr selten wieder wettgemacht werden kann.

Gebet und Haltung

„Darum beuge ich meine Knie vor dem Vater." *Epheser 3, 14*

„Da fiel Abraham auf sein Angesicht, und Gott redete weiter mit ihm." *1. Mose 17, 3*

„So will ich nun, daß die Männer beten an allen Orten und aufheben heilige Hände."
1. Timotheus 2, 8

„Da traten zu Jesus seine Jünger, baten ihn und sprachen . . ." *Matthäus 13, 10*

Vier Gebetshaltungen werden hier beschrieben.

1. Die knieende Gebetshaltung.
Sie drückt Demut und Ergebenheit aus. Da taucht aus meiner frühesten Kindheit das Bild des Afrika-Missionars auf, der uns eines Tages besuchte. Nur an eine Szene kann ich mich noch erinnern: Als er sich verabschiedete, kniete er mit uns zum Gebet nieder. Damals ahnte ich zum erstenmal etwas von der Heiligkeit und Größe Gottes.

2. Die liegende Gebetshaltung.
Abraham fiel auf sein Angesicht vor Gott. In den Augenblicken einer gewaltigen Gebetsbewegung oder in den Momenten des tiefsten Schmerzes wirft sich der Beter auf sein Angesicht, um in dieser Haltung mit Gott zu sprechen.

3. Die stehende Gebetshaltung.
In dieser Haltung sprach Jesus mit seinem Vater vor dem Grab des Lazarus. Auch wir dürfen, wenn wir Söhne und Töchter Gottes geworden sind durch den Glauben an Jesus, so vor dem Vater stehen und ihm unsere Anliegen bringen.

4. Die laufende Gebetshaltung.
Sie ist wohl am wenigsten bekannt, und doch wurde sie zur Zeit Jesu praktiziert. Wenn Jesus mit seinen Jüngern durch Städte und Dörfer und über die Wanderwege ging, redete er

mit ihnen, und sie sprachen mit ihm. Dieses Sprechen war Gebet. Seit mehr als fünf Jahren praktiziere ich in meiner persönlichen Stille vorwiegend diese Art des Gebetes, indem ich in meinem Zimmer auf und ab gehe oder mir stille Waldwege aussuche, auf denen ich laut mit meinem Herrn sprechen kann.

Heute beten viele kurz vor dem Aufstehen oder kurz vor dem Einschlafen im Bett, oder sie sitzen bequem im Sessel. Beten heißt aber doch mit dem Herrn reden – kann man das in einer solchen lässigen Haltung?

Wenn ich im Gespräch mit Jesus Christus bin, in der stillen Zeit am Morgen, dann will ich die Gebetsstellungen der Bibel praktizieren. Sie scheinen mir angemessener zu sein als die Gebetshaltungen unserer Zeit.

Anleitung: Für Ihre persönliche stille Zeit brauchen Sie:
– einen Raum, in dem Sie ungestört sein können,
– eine festgelegte Zeit im Tagesablauf,
– die rechte Haltung vor Gott.

JA ZUR GEBETSGEMEINSCHAFT

Das war ein unheimlicher Schlag für die Christengemeinde in Jerusalem, als Petrus plötzlich aus ihrer Mitte gerissen wurde. Herodes warf ihn ins Gefängnis, und die Hinrichtung war sicher. Wie ein Lauffeuer ging diese Schreckenskunde von Mund zu Mund. Da versammelte sich die Gemeinde zur Gebetsgemeinschaft. Die Bibel sagt:

> *„Und Petrus ward im Gefängnis gehalten; aber die Gemeinde betete ohne Aufhören für ihn zu Gott."*
>
> *Apostelgeschichte 12, 5*

Das ist echte, lebendige und biblische Gebetsgemeinschaft. Ein brennendes und zentrales Anliegen, das alle Betenden beschäftigt, vereint gläubige Menschen zum gemeinsamen Gespräch mit ihrem Herrn. Einer solchen Gebetsgemeinschaft geht eine klare Gebetsinformation voraus. Wer ein brennendes Anliegen hat, sollte sich also einen Gebetspartner suchen, ihn informieren und dann dieses Problem vor Gott bringen. Jesus sagt:

> *„Wenn zwei unter euch eins werden, worum sie bitten wollen, das soll ihnen widerfahren."* *Matthäus 18, 19*

Damit werden uns zwei Wege zur Gebetsgemeinschaft gezeigt, zuerst die Gebetsgemeinschaft in der Gemeinde, in der große und zentrale Anliegen vor Gott gebracht werden, und dann die Gebetsgemeinschaft mit einem Partner, in der mehr persönliche Probleme genannt werden.

Anleitung: **Suchen Sie sich einen Gebetspartner.** Es sollte ein gläubiger Mensch sein, zu dem Sie Vertrauen haben und mit dem Sie persönliche Anliegen durchbeten können.

VARIATIONEN ÜBER EIN THEMA

Haben Sie schon einmal beobachtet, wie ein Kind sprechen lernt? Schritt für Schritt erobert es sich das weite und vielfältige Gebiet der Sprache, indem es hört und das neue Wort nachspricht. Nein – beim erstenmal klappt es noch nicht, aber das Kind übt und nennt das Wort immer wieder. Es hat Freude am Lernen, Freude am Erobern.

Hier sollten wir von den Kindern lernen und mit Begeisterung und Ausdauer geistliche Bereiche erobern. Ein solcher Bereich, der erobert und immer wieder eingeübt werden muß, ist das Gebet.

Auch das Gebet besteht nicht aus einem „Wort", es gibt viele Variationen, viele Möglichkeiten des Redens mit Jesus Christus. Wir wollen sie an dieser Stelle einmal an uns vorüberziehen lassen.

Bitte

„Und betet allezeit mit Bitten und Flehen im Geist." *Epheser 6, 18*

Bitte ist wohl die Art des Redens mit Gott, die uns am leichtesten fällt. „Papa nehmen." – „Mama haben." – Das waren die ersten zusammenhängenden Formulierungen, die unsere Tochter gesprochen hat.

Unmißverständlich klar hat Jesus Christus seinen Jüngern zugerufen: „Bittet, so wird euch gegeben!" Gilt dieses Wort auch für uns heute? Aber natürlich! An keiner Stelle der Schrift wird diese Verheißung zurückgenommen. Sie gilt jedem, der Jesus Christus nachfolgt. Wenn wir mit Jesus Christus sprechen, dann dürfen wir ihn bitten, dann dürfen wir unsere Wünsche vor ihm nennen. Dabei sollten wir drei Dinge besonders beachten:

1. Unser Bitten muß konkret sein

In einer Ansprache erzählte ein Evangelist folgendes: Ich war erst frisch verheiratet, da wollten meine Frau und eine Freundin unbedingt einen Schaufensterbummel machen. Da ich kein Geld hatte, war mir bei diesem Vorschlag nicht sehr wohl, bis ich erfuhr, daß sie gar nicht vorhatten, etwas zu kaufen. Sie wollten sich die Sachen nur anschauen. Allmählich lernte ich, daß meine Frau einen halben Tag einkaufen gehen kann, ohne unbedingt etwas mit nach Hause bringen zu wollen.

Gebet aber ist kein Schaufensterbummel, wo wir nur über diese oder jene Dinge mit Gott plaudern. Wenn wir beten, sollen wir konkrete Anliegen vor Gott bringen. Wer nicht konkret bittet, wird auch nicht konkret empfangen können.

Während einer Evangelisation wurde ich innerlich gedrängt, einen Nachmittag im Gebet zu sein. So suchte ich mir einen Raum der Stille und ging dort, mit Jesus sprechend, auf und ab. Nach einer Stunde wurde mir plötzlich innerlich eine Frage gestellt: Was ist dein konkretes Anliegen? Da riß mich Gott aus diesem frommen Schaufensterbummel und bewegte mich, darüber nachzudenken, was ich jetzt eigentlich von ihm wolle. Vielleicht geht es Ihnen genauso, daß Sie oft keine konkreten Bitten aussprechen. Überlegen Sie sich doch, was Sie von Ihrem Herrn erwarten.

2. Unser Bitten muß aktuell sein

Aktuell sind die Dinge, die mir unter den Nägeln brennen, die mir vielleicht eine schlaflose Nacht bereiten. Aktuell sind Probleme, die unbedingt jetzt gelöst werden müssen. Wenn ich vor einer Operation stehe, dann wird mein Bitten aktuell sein, und wenn ich ein schwieriges Gespräch führen muß, wird mein Bitten ebenso aktuell sein.

„Haben Sie heute morgen gebetet?" frage ich gelegentlich. „Aber natürlich", lautet die Antwort. „Hatten Sie auch Anliegen, die Sie Gott genannt haben? Bitten zum Beispiel?" – „Ja!" – „Darf ich fragen, welche?" Und nun kommt ein erstauntes Überlegen. Oftmals weiß der Gefragte schon nach einer Stunde nicht mehr, welche Bitten er Gott vorgelegt hat. Diese Bitten waren bestimmt nicht aktuell. Es waren Ladenhüter, die Gott nicht erhören wird.

3. Unser Bitten muß realistisch sein

Sie dürfen nicht um Dinge bitten, die nicht erfüllt werden können. Orientieren Sie sich darum am Worte Gottes, und Sie werden erkennen, welche Bitten realistisch und welche unrealistisch sind. Unrealistische Bitten sind zum Beispiel Bitten, die gegen das Liebesgebot Jesu verstoßen.

Als die Jünger mit ihrem Herrn unterwegs waren und

durch Samarien reisten, gingen sie voraus, um für Jesus und für sich Quartiere zu suchen. Die Samariter aber wollten sie nicht aufnehmen. Zornentbrannt kamen sie zu Jesus zurück und sprachen zu ihm: „Herr, willst du, so wollen wir beten, daß Feuer vom Himmel falle und sie verzehre." Und Jesus spricht zu ihnen: „Wisset ihr nicht, wes Geistes Kinder ihr seid?" So korrigierte Jesus ihre innere Einstellung und warnte sie vor einem unrealistischen Gebet. Das Lesen im Wort Gottes bewahrt uns davor, unrealistisch zu werden in unserem Gebet.

Einmal stand ich vor einer lebensbedrohenden Entscheidung. Ich wußte, in zwei Stunden wird von mir eine gültige Antwort erwartet. So ging ich ins Gebet – es war ein unheimliches Ringen um Klarheit. Meine Bitte war konkret, mein Gebet brennend aktuell, und ich wollte Gottes Willen erkennen. Darum war mein Bitten auch realistisch – und Gott hat mir im rechten Augenblick die alles überzeugende Antwort gegeben. Jesus sagt: „Bittet, so wird euch gegeben."

Es gibt so viel oberflächliches Bitten, das nur im Vorübereilen ausgesprochen wird und das wir selbst nicht ernstnehmen. Die Bitte muß zuerst unser Herz bewegt haben, ehe sie Gottes Herz bewegen kann.

Dank

„Die sollen dem Herrn danken für seine Güte und für seine Wunder." Psalm 107, 8

Eine andere Variation unseres Redens mit Gott ist der Dank. Er wird, wenn wir lebendigen Umgang mit Jesus Christus haben, weite Strecken unseres Gebetes bestimmen. Allerdings erfordert das Danken Denkarbeit und Training. Es liegt in unserem Wesen, daß wir Wohltaten schnell vergessen und die täglichen Geschenke seiner Liebe als selbstverständlich hinnehmen. So verkümmert der Dank oder wird zur tötenden Form.

Wenn Kinder etwas geschenkt bekommen, dann werden sie angehalten, sich zu bedanken. Die oft zu hörende Redensart lautet: „Wie sagt man?" Und wenn das Kind nicht gerade in einer Phase der Auflehnung steckt, wird es antworten: „Dankeschön." Auch im Gespräch mit Gott, im Gebet also, darf der Dank nicht fehlen. Aus der unermeßlichen Fülle der Dankesmöglichkeiten möchte ich nur einige herausgreifen:

1. Der Dank für die Erlösung

Jesus Christus kam auf diese Erde, und sein Weg führte ihn an das Kreuz von Golgatha. Dort starb er für die Sünden der Welt. Auch für Ihre Schuld hat Jesus Christus das Lösegeld bezahlt. Wenn Sie sein Eigentum geworden sind, dann sollten Sie es nie vergessen, in Ihrem Gebet immer wieder für dieses Erlösungsgeschehen zu danken. Wenn an irgendeiner Stelle die Liebe Gottes zu sehen ist, dann am Kreuz, wo der Vater aus Liebe zu uns seinen Sohn opfern ließ.

2. Danken Sie dafür, daß er Sie gesucht und gefunden hat

Das, was Jesus Christus am Kreuz für Sie getan hat, wäre ja vergeblich, wenn er sich nicht auf den Weg gemacht hätte, Sie zu suchen, und Ihnen das Angebot des neuen Lebens zu machen. Wieviel Geduld wieviel Liebe und Erbarmen hat Jesus Christus aufbringen müssen, bis Sie endlich bereit gewesen sind, ja zu ihm zu sagen und das Geschenk der Erlösung und des neuen Lebens anzunehmen. Wenn ich auf mein Leben zurückschaue, dann bin ich an dieser Stelle immer wieder beschämt und erstaunt zugleich. In wie vielen Evangelisationen und Gottesdiensten habe ich den Ruf Jesu gehört und doch nicht vernommen. In wie vielen Gesprächen habe ich erkannt, daß mein Leben nicht in Ordnung ist, und doch war ich nicht bereit, Jesus als meinen Erlöser anzunehmen. Aber er ging mir nach und suchte mich. Mit 19 Jahren traf ich dann endlich meine Lebensentscheidung für Jesus Christus. Wenn ich bete, dann danke ich immer wieder dafür, daß er mich gesucht und gefunden hat. Wenn Sie dieses Erlebnis des Findens schon gemacht haben, vergessen auch Sie nicht, ihm dafür zu danken.

3. Dank für die täglichen Geschenke und Gaben aus seiner Hand

Wir dürfen ihm danken für Essen und Trinken, für Kleidung und Wohnung, für Gesundheit, für Menschen, die uns lieben und uns beistehen. Es gibt so viele Dinge, die wir oft gedankenlos aus der Hand Gottes nehmen. Gelegentlich führt uns dann unser Herr dahin, daß er etwas Alltägliches nimmt, um uns zur Besinnung und zum Dank zu führen.

Vor Jahren fuhr ich mit meinem Wagen nach einer Evangelisationsversammlung nach Hause. Es war kurz vor Mitternacht, als ich zufällig auf die Benzinuhr sah und mit Schrekken feststellte, daß sie auf Null stand. Zuerst steuerte ich hoffnungsvoll eine Tankstelle an – geschlossen, eine zweite ebenfalls. Nachdem ich einige weitere vergebliche Versuche unternommen hatte, kam ich zu der Erkenntnis, daß ich bald hoffnungslos festliegen würde, wenn nicht ..., und genau in diesem Augenblick überholte mich ein Taxi. Der Wagen bremste, der Fahrer kurbelte das Fenster herunter und fragte, was ich brauchte. Er hatte Benzin für meinen Wagen und half mir aus der hoffnungslosen Lage. Wenn ich mich recht entsinne, gab ich dem Taxifahrer aus Dankbarkeit mehr als das Doppelte. Ich erkannte wieder den Wert einer alltäglichen Sache, und dankte Gott für seine Hilfe.

Wenn Sie Ihre stille Zeit haben und mit Gott sprechen, dann darf in Ihrem Gebet der Dank nicht fehlen. Danken hält wach und macht uns zu dankbaren Menschen. Wer dankt, wird nicht mehr sauer durch die Gegend laufen. Er wird ein frohes Gesicht bekommen, und Menschen werden durch ihn gesegnet. Ich möchte Sie bitten, darüber nachzudenken, was als Dank jetzt in Ihrem Gebet dran ist.

Danksagung

„Dank saget allezeit für alles Gott, dem Vater, in dem Namen unsres Herrn Jesus Christus." *Epheser 5, 20*

Zum Dank kommt nun die Danksagung. Nein — das ist nicht dasselbe. Es war für mich eine große Hilfe, als ich das eines Tages erkannte. Dank ist eine Sache des Gefühls; ich danke, weil ich eine Wohltat erlebt habe. Danksagung aber ist eine Sache des Willens und der Erkenntnis. So kann ich nun Dank sagen auch für Dinge, Ereignisse oder Menschen, die ich zunächst nicht als Wohltat, sondern als Belastung empfinde. Zum Dank bewegt mich dabei eine klare Erkenntnis, nämlich die, daß ich weiß, daß Gott es immer gut mit mir meint, auch wenn er mich durch eine Dunkelheit führt oder mich mit schwierigen Menschen zusammenstellt. Mir ist aufgegangen, daß „denen, die Gott lieben, eben alle Dinge zum Besten dienen". Mir ist klar geworden, daß ich geschliffen und geformt werden muß.

Diese Danksagung befreit mich von einem oberflächlichen und gefährlichen Gefühls-Christsein und läßt mich vieles in einem neuen Licht sehen. Danksagung befreit mein Leben von falschen Vorstellungen und bewahrt mich vor den Temperaturschwankungen des Glaubens.

Ich kenne Menschen, deren größte Probleme in der Danksagung wie von selber gelöst wurden.

Dazu eine Erfahrung: Vor Jahren kam eine Frau in die Seelsorge. Sie berichtete, daß ihr Sohn und ihre Schwiegertochter sämtliche Beziehungen zu ihr abgebrochen hätten. Auch der 12jährige Enkel durfte die Oma nicht mehr besuchen. Im Herzen der Frau waren Bitterkeit und Trauer. „Was kann ich wohl tun?" war die entscheidende Frage. Damals hatte ich gerade das Wort „Dank saget allezeit für alles Gott" zum erstenmal bewußt in mich aufgenommen und seine Bedeutung erkannt. So gab ich der Frau den Rat, auch für diese Situation Gott Dank zu sagen. Sie konnte das zuerst nicht begreifen, aber im Laufe des Gespräches wurde ihr klar, daß Gott auch in dieser rätselhaften Führung einen Plan hat. So begann sie an diesem Tag mit der Danksagung. Mit dieser Haltung hatte sie alles aus der eigenen Hand gegeben und es vertrauensvoll in die Hand Gottes gelegt. Die Bitterkeit wich aus ihrem Herzen, und Hoffnung erfüllte sie. Wenige Wochen später konnte sie dann von einem wunderbaren Eingreifen Gottes berichten. Folgendes ereignete sich: Die Lehrerin stellte an dem zwölfjährigen Jungen eine Veränderung in seinem Verhalten und Leistungsrückgang fest. Daraufhin bat sie die Mutter zu einem Gespräch. Sie teilte ihr diese Beobachtung mit und fragte sie zunächst, ob es Spannungen in Ehe oder Familie gäbe. Die Mutter verneinte beides. Dann aber brachte die Mutter die Auseinandersetzung mit der Schwiegermutter zur Sprache. Die Lehrerin griff diesen Punkt sofort auf und bat die Mutter, noch heute alles in Ordnung zu bringen. „Es geht um die Zukunft Ihres Jungen", sagte sie bei der Verabschiedung. An diesem Nachmittag fand die Versöhnung statt.

So kann Gott eingreifen, wenn wir auch unverständliche Führungen mit Danksagung aus seiner Hand nehmen.

Fürbitte

> *„So ermahne ich nun, daß man vor allen Dingen zuerst tue Bitte, Gebet, Fürbitte und Danksagung für alle Menschen . . .“*
> *1. Timotheus 2, 1*

Die Fürbitte führt uns aus der Umklammerung der eigenen Nöte und Probleme in den weiten Raum des Dienstes für Jesus Christus. Keiner wird in seiner näheren oder weiteren Umgebung ein Segen sein können, der diesen Gebetsbereich vernachlässigt oder übergeht. Bevor ich wirkungsvoll mit einem Menschen über Christus sprechen kann, muß ich zuerst mit Christus über diesen Menschen gesprochen haben. Dieses Sprechen, Bitten oder Danken heißt Fürbitte. Was geschieht dabei?

1. Der Mensch, für den ich bete, wird durch mein Gebet in die Gegenwart Gottes gerückt. Dabei beeinflussen göttliche Energien sein Leben.

2. Auch ich werde durch diesen Gebetsdienst in mächtiger Weise verwandelt. Wenn ich vorher nur an mich und an meine Probleme gedacht habe, so erhalte ich jetzt die Fähigkeit, meinen Nächsten mit den Augen Jesu zu sehen und so mit ihm zu sprechen, wie Jesus mit ihm sprechen würde.

3. Dadurch wird auch mein Verhältnis zu den Menschen im allgemeinen verändert. Vorurteile, Antipathien und Richtgeist werden Schritt für Schritt abgebaut. Ich finde den Zugang zum Herzen meines Nächsten.

Beginnen Sie erst einmal für ein oder zwei Menschen zu beten. Sie werden Wunder erleben, und der Raum zum Dienst wird sich weiten. Es wird Ihnen so gehen wie allen, die an dieser Stelle klein und zaghaft, aber in Treue und Hingabe begonnen haben – Sie werden bald eine Gebetsliste nötig haben, weil Ihnen immer mehr Menschen in der Fürbitte anvertraut werden. Pfarrer Oberlin vom Steintal pflegte die Namen der Menschen, die ihm Gott auf das Herz gelegt hatte, mit Kreide an die Tür seines Zimmers zu schreiben – ich kann das nicht tun, und Sie werden das sicher auch nicht nachmachen wollen. Aber wir können uns zu diesem Zweck ein Heft anlegen. In meinem Gebetsheft stehen auf vielen Seiten viele Namen. Die meisten Namen sind rot unterstrichen oder mit einem Datum versehen, das bedeutet: Hier hat ein Mensch durch die Fürbitte zu Jesus Christus gefunden.

Vor Jahren wollte ich mein Fürbitteheft revidieren. Ich ging alle Namen in einer stillen Stunde durch und überlegte, welchen ich wohl streichen könnte. Dabei stieß ich auf den Namen eines Jungen, den ich irgendwo in Frankfurt einmal getroffen hatte. An Einzelheiten konnte ich mich nicht mehr erinnern, auch das Bild des Jungen war mir nicht mehr gegenwärtig. Ich wollte seinen Namen streichen – und in diesem Augenblick geschah etwas. Die Post des Tages wurde abgegeben, und unter den Briefen fand ich einen Brief von diesem Jungen. Er hatte mir noch nie geschrieben. Woher hatte er meine Anschrift? Das alles war mir unklar. Aber hier lag ein Brief von ihm, und durch die sich nun entwikkelnde Korrespondenz fand dieser Junge tiefer in die Gemeinschaft mit Jesus Christus.

Zwei Dinge habe ich aus diesem Erlebnis gelernt. Ich habe nicht das Recht, den Namen irgendeines Menschen zu streichen, den Gott mir einmal anvertraut hat – und hätte sich jener junge Mann wohl an mich erinnert, wenn ich nicht Jahre hindurch für ihn gebetet hätte?

Allerdings gilt auch an dieser Stelle das Wort Jesu: „Dir geschehe, wie du geglaubt hast." Fürbitte ohne Glauben ist Zeitverschwendung. Wenn Sie für einen Menschen beten, dann erwarten Sie klare göttliche Ergebnisse. Darum sollten Sie jetzt die Augen offen haben und den Menschen beobachten, für den Sie besonders beten. Sie werden eine Veränderung in seinem Verhalten feststellen. Vielleicht ist diese Veränderung noch nicht positiv. Dann beten Sie weiter, und warten Sie im Glauben! Eines Tages wird sich eine Möglichkeit zum Gespräch geben. Sie werden dann entdecken, daß ein solcher Mensch sich Schritt für Schritt dem Evangelium öffnet und von ihm verwandelt wird.

In der Fürbitte hat uns Jesus Christus eine gewaltige Waffe gegen die Macht des Unglaubens in die Hand gelegt. Wir sollten diese Waffe fleißig benützen. Wenn in Ihrer Umgebung etwas geschehen soll, Göttliches geschehen soll, dann treten Sie ein in den Dienst der Fürbitte. Beginnen Sie noch heute damit.

Anbetung

„Er aber sprach: Herr, ich glaube, fiel vor Jesus nieder und betete ihn an."

Johannes 9, 38

Was Anbetung wirklich ist, läßt sich an dieser Geschichte wohl am deutlichsten zeigen. Hier ist einer, der noch nie das Licht der Sonne gesehen hat und noch nie das Antlitz eines Menschen. Von Geburt an erlebt er Dunkelheit und Ausgestoßensein. Diesem Verworfenen begegnet der Sohn Gottes. Wie ein Träumender wankt kurz darauf der Blindgewesene durch die Straßen der Stadt. Dann wird er von Verhör zu Verhör gestoßen, und schließlich trifft er Jesus Christus wieder. Vor ihm fällt er aus Dank und Ergriffensein, staunend und hingerissen, auf seine Knie und betet ihn an.

Anbeten kann nur, wer fasziniert ist von Jesus Christus. So betet ihn seine Mannschaft an im noch schwankenden Boot, nachdem er dem Sturm sein göttliches Halt zugerufen hat. Und so bricht Thomas vor dem Auferstandenen zusammen mit dem Ruf: „Mein Herr und mein Gott."

Kennen Sie die Größe und Herrlichkeit dieses Herrn, dem nun Ihr Leben gehört? Sind Sie hingerissen von seiner Liebe, von seiner Geduld, von seinem Erbarmen? Er, der unausforschlich reich ist in allem, er ist der Grund der Anbetung.

Anleitung: **Konzentrieren Sie sich** in Ihrer stillen Zeit immer wieder einmal auf eine der besonderen Gebetsmöglichkeiten. Der Gesichtskreis Ihres Redens mit Jesus Christus wird dadurch weiter.

DAS MODELL DES HERRN

Im Hauptbahnhof in Nürnberg steht im Querbau der großen Eingangshalle eine Modellokomotive. Und genau davor kam ich neulich mit einem Angestellten der Bundesbahn ins Gespräch. „Ich kann mir unter Christsein überhaupt nichts vorstellen", sagte er kopfschüttelnd. „Muß ich dann, wenn ich an Jesus Christus glaube, vielleicht immer das Vater-unser beten?" Da zeigte ich lachend auf die Modellokomotive und fragte: „Möchten Sie mit dieser Maschine nach Frankfurt reisen?" – „Nö", sagte er, „aber wie kommen Sie darauf?" – „Nun", entgegnete ich, „diese Lok ist ein Modell und das Vater-unser ist auch ein Modell. Hier will Jesus Christus seinen Jüngern modellhaft zeigen, wie wir beten sollen. Aber mit diesem Gebet kann ein gläubig gewordener Mensch keine Lebensreise antreten."

Das Vater-unser ist uns also nicht zuerst dazu gegeben, daß wir es einfach nachsprechen sollen, sondern wir sollen es betrachten und unser Reden mit dem Vater danach gestalten.

Wir schlagen nun das Matthäusevangelium Kapitel 6 auf und lesen und überdenken die Verse 9–13.

Es fällt auf, daß dieses Gebet in drei große Abschnitte eingeteilt ist. Diese Abschnitte sind gekennzeichnet durch die Fürworte „dein – unser – dein". Am Anfang dieses Gebetes stehen die großen Anliegen Gottes. Das ist eine wichtige und herrliche Gewichtsverlagerung. Wir sollen es lernen, unsere Anliegen an die zweite oder dritte Stelle zu setzen, denn Jesus sagt:

> *„Trachtet am ersten nach dem Reich Gottes und nach seiner Gerechtigkeit, so wird euch alles andere zufallen."*
>
> *Matthäus 6, 33*

Wenn wir diese Gesinnung in unseren Herzen tragen, dann wird sie sich auch in unseren Gebeten niederschlagen. Der Inhalt unseres Redens mit Gott will also so wie das Vaterunser geordnet sein.

ER
Dein Name
Dein Reich
Dein Wille

An erster Stelle stehen die Anliegen unseres Vaters. Die Verherrlichung seines Namens, die Ziele seines Reiches und die Erfüllung seines Willens sind uns wichtig. Dadurch wird unser Blick mit Gewalt von uns weggezogen und hingerichtet auf unseren Herrn.

WIR
Unser Brot
Unsere Schuld
Unsere Bitte
um Bewahrung
und Erlösung

Natürlich darf dann auch alles, was unser Leben betrifft, genannt werden. Aber mit diesem neuen Blick wird die Not nicht mehr so dunkel erscheinen und werden die Probleme nicht mehr unüberwindlich sein. Ja, alles steht in einem neuen Licht vor uns.

ER
Dein Reich
Deine Kraft
Deine Herr-
lichkeit

Am Schluß aber dürfen wir noch einmal hinschauen zu unserem Herrn und seine Kraft und Herrlichkeit sehen. Dann werden wir fröhlich von den Knien aufstehen, und Hoffnung und Mut wird unser Herz durchglühen. Mit Johannes werden wir sprechen können: Wir haben seine Herrlichkeit gesehen. Und darauf kommt es letztlich an.

Wenn wir dieses Gebet noch einmal kurz skizzieren wollen, dann ist das in drei Worten möglich: ER, wir, ER. Wir sind von ihm umgeben.

DA ER MIT UNS REDETE . . .

Das Telefon schellt, Sie heben den Hörer ab und nennen Ihren Namen. Am anderen Ende spricht einer Ihrer Bekannten. Er berichtet Ihnen, wie es ihm geht, äußert einige Bitten, sagt Ihnen, was er heute noch alles vorhat, und dann legt er, ohne daß Sie auch nur ein Wort sprechen können, mit einem freundlichen Gruß den Hörer auf. Was werden Sie von diesem Anruf halten? Vielleicht verzeihen Sie ein solches Benehmen ein- oder zweimal, aber wenn es sich täglich wiederholt, was werden Sie dann wohl tun?

Übertragen Sie dieses Bild bitte auf Ihr Gespräch mit Jesus Christus. Machen wir es nicht oft ebenso? Wir reden, reden und reden, aber wann lassen wir Jesus Christus zu Wort kommen?

Im Gebet geht es auch um die Stille, in der Gott zu uns reden kann. Dabei meine ich nicht ein Hineinlauschen in den Raum oder ein Hören auf die verwirrenden Stimmen in unserem Inneren, sondern um das Stillewerden über dem Wort Gottes. Darum gehört zum Gebet die Bibel, denn hier redet Jesus Christus am deutlichsten zu uns. Natürlich kann auch ein spontanes Aufleuchten eines Namens oder einer Situation ein besonderes Reden Gottes sein, aber am klarsten finden wir seine Aufträge und seinen Willen in der Heiligen Schrift aufgezeichnet.

Die Bibel ist auf weiten Strecken die Grundlage meines Redens mit Gott. Oft bete ich über bestimmten Passagen der Heiligen Schrift. Zum Beispiel mache ich das Gemeindegebet des Paulus (Eph. 3, 14–21) zu meinem Gebet. Die Bitten, die Paulus hier nennt, nenne ich dann auch vor dem Vater.

Auf die erste Seite meiner Bibel habe ich Worte geschrieben, die mir immer wieder Anlaß sind zum Dank, zur Bitte oder zur Anbetung. Zum Beispiel:

„Die rechte Hand des Höchsten kann alles ändern." *Psalm 77, 11*

„Der Herr ist bei mir wie ein starker Held." *Jeremia 20, 11*

„Gott hat seines eigenen Sohnes nicht verschont, sondern hat ihn für uns alle dahingegeben, wie sollte er uns mit ihm nicht alles schenken." *Römer 8, 32*

Und wenn so Gott in Ihrer stillen Zeit zu Ihnen spricht, dann werden Sie das erleben, was damals die Jünger auf dem Wege nach Emmaus erlebten. Bedrückt, niedergeschlagen und verstört traten sie diese Wanderung an. Das Kreuz, das furchtbare Sterben Jesu lag wie ein dunkler Schatten über ihrem Leben. Von seiner Auferstehung hatten sie zwar zusammenhanglose Gerüchte gehört, aber war das nicht alles nur Täuschung, frommer Wunschtraum? Und dann trat er plötzlich zu ihnen und ging mit ihnen. Er fragte sie, sie sprachen mit ihm. Noch erkannten sie ihn nicht, denn „ihre Augen waren gehalten", sagt die Bibel. Aber sein Wort fiel in die Tiefe ihres Herzens. In der Rückschau auf dieses Erlebnis sprechen sie dann: „Brannte nicht unser Herz in uns, als er mit uns redete auf dem Weg?"

Das dürfen auch Sie in der stillen Zeit erleben. Wenn er zu Ihnen spricht, dann wird in Ihnen alles warm und hell. Ihr Herz fängt an zu brennen, und Liebe, Glaube und Hoffnung werden Sie erfüllen.

Anleitung: Geben Sie in Ihrer stillen Zeit Jesus Christus die Möglichkeit, zu Ihnen zu sprechen. Werden Sie betend stille über dem Lesen seines Wortes, und fragen Sie sich dabei: „Was hat Jesus Christus mir heute zu sagen?"

GIBT ES GEBETSERHÖRUNGEN?

In meinem Leben gibt es viele wunderbare Gebetserhörungen — aber es gibt auch Gebete, die Gott nicht erhört hat. Nun — eines Tages bin ich bewußt diesem Phänomen nachgegangen. Ich wollte dem Geheimnis der Erhörung und der Nichterhörung auf die Spur kommen. Hier ist das Ergebnis dieser Expedition.

1. Christus erhört Gebete, die in seinem Namen gesprochen werden.

Jesus Christus hat gesagt:

> *„Wer an mich glaubt, der wird die Werke auch tun, die ich tue, und wird größere als diese tun, denn ich gehe zum Vater. Und was ihr bitten werdet in meinem Namen, das will ich tun, auf daß der Vater verherrlicht werde in dem Sohne. Was ihr mich bitten werdet in meinem Namen, das will ich tun."* Johannes 14, 12—14

Wenn Sie verstehen wollen, was im „Namen Jesu beten" bedeutet, dann müssen Sie den ersten Teil dieses Jesus-Wortes genau durchdenken. Er beginnt mit der Aussage: „Wer an mich glaubt." Das heißt: Wer sich mir völlig anvertraut hat, wer mein Eigentum geworden ist, wer eins geworden ist mit mir, wer seinen Willen freiwillig und völlig meinem Willen unterstellt hat, der und nur der kann im Namen Jesu beten. „Im Namen Jesu" – ist der Ausdruck für eine geistliche Vollmacht. Es ist keine Zauberformel, die ein ungeistliches Gebet vor Gott angenehm macht, wenn wir sie am Schluß eines Gebetes noch sprechen. Wenn nicht das ganze Gebet in Bitte, Dank und Fürbitte im Willensbereich Jesu gesprochen wurde, dann kann auch ein frommer Schluß nichts mehr ändern. Wenn unser Leben nicht in den Bahnen Gottes verläuft, dann wird auch unser Gebet ohne Wirkung bleiben. Hier geht es also um das Tiefste, um die Gesinnung Jesu, in der wir leben, reden, handeln und beten sollen.

2. Christus erhört Gebete, die auf Grund einer biblischen Verheißung gesprochen werden.

Durchforschen Sie doch die Bibel nach den Verheißungen Gottes, und richten Sie Ihr Gebet danach aus. Sie werden für viele Anliegen, die Sie bewegen, Verheißungen finden, und mit diesen Verheißungen dürfen Sie im Gebet vor den Thron Gotes treten.

Gottes Wort sagt:

> *„Denn auf alle Gottesverheißungen ist in ihm das Ja; darum sprechen wir auch durch ihn das Amen, Gott zu Lobe."*
>
> *2. Korinther 1, 20*

Zwei wesentliche Wahrheiten werden uns hier gezeigt:

a) An Jesus sind alle Verheißungen gebunden. Wie viele Zusagen Gottes finden wir in der Bibel? Allein im Matthäusevangelium sind es 184. Tausende sind es in der Heiligen Schrift. Und alle Verheißungen hat der Vater an seinen Sohn gebunden. Stehe und lebe ich außerhalb Jesu, dann habe ich Hoffnungen, Wünsche und Vermutungen, aber ich habe keine Zusage Gottes.

Wenn ich Geld benötige, gehe ich zu meiner Geldkasse. Wenn ich eine Zusage Gottes brauche, dann wende ich mich an Jesus. In der Bibel **lesen** wir die Verheißungen Gottes – in der Lebensgemeinschaft mit Jesus **erhalten** wir sie. Das ist göttliche Ordnung.

b) In Jesus sind alle Verheißungen Ja. Während eines Kuraufenthaltes besuchte ich einige Male das Deutsche Edelsteinmuseum in Idar-Oberstein. Ich sah Diamanten in unschätzbarem Wert. Aber als ich nach der Besichtigung wieder auf die Straße trat, war ich nicht reicher als vorher.

Gottes Verheißungen sind nicht zur Besichtigung. Sie liegen nicht in sorgsam abgesicherten Truhen verwahrt. Sie sind nicht Nein in ihm, sondern Ja. Wenn Sie zu Jesus kommen und Ihr Verlangen steht nach einer Verheißung, dann sagt Jesus nicht nein, sondern ja.

Es gibt Menschen, die machen große Versprechungen, dann aber stellt sich heraus, daß ihre Worte keinen Realitätsbezug haben. Es war Schaumschlägerei. Es gibt Schecks, die ungedeckt sind; wenn ich sie einlösen möchte, erfahre ich, daß das Konto des Ausstellers leer ist. Anders ist es bei Jesus. Göttliche Verheißungen sind keine ungedeckten Schecks. Wenn ich in Jesus Christus eine Verheißung empfange, dann steht unter dieser Verheißung das Ja Gottes, dann werde ich real erleben, was ich als Verheißung aus Jesu Hand genommen habe.

3. Christus erhört Gebete, denen die Tat des Gehorsams vorangegangen ist.

So gibt es Verheißungen, denen eine klare Forderung vorausgeht. Wer diese Forderung nicht erfüllt, der kann dann auch nicht erwarten, daß diese Verheißung in seinem Leben erfüllt wird. Ein Beispiel:

> *„Bringt aber den Zehnten in voller Höhe in mein Vorratshaus (damals der Tempel, heute die vielfältigen Arbeitsbereiche für Christus) und prüft mich hiermit, spricht der Herr, ob ich euch dann nicht des Himmels Fenster auftun werde und Segen herabschütten die Fülle."* *Maleachi 3, 10*

Wer auf Grund dieses Wortes um den vollen Segen Gottes für sein Leben betet, aber den ersten Teil dieses Gotteswortes übergeht, also nicht bereit ist, auch einen Teil seines Einkommens Christus zur Verfügung zu stellen, der wird umsonst beten.

4. Christus erhört Gebete, wenn der rechte Zeitpunkt zur Erhörung gekommen ist.

Modersohn hat einmal gesagt: „Unsere Uhren gehen immer vor, Gottes Uhr allein geht richtig." Das müssen wir uns ganz dick ins Gedächtnis schreiben. Die Gebetserhörung wird keine Sekunde zu spät kommen, aber auch keine Sekunde zu früh.

Wenn ich in mein Leben zurückblicke, dann bin ich dankbar, daß mein Herr nicht alle meine Bitten erhört hat. Mein Leben wäre entsetzlich schief gelaufen, ein unausdenkbares Chaos, wenn Christus mein manchmal törichtes Beten erhört hätte. Heute bin ich endlich soweit gekommen, daß ich ihm fröhlich und getrost die Wahl überlasse, weil ich weiß, daß er mich besser kennt als ich, und weil ich weiß, daß er meine Zukunft kennt. Was wirklich gut für mich ist, daß weiß nur er allein.

Anleitung: Beachten Sie die Punkte 1–4, und vertrauen Sie Jesus Christus. Er bricht sein Wort nicht und handelt in der Liebe.

• im Namen Jesu: ist also als Jesus selbst zum Vater beten

• zu leben wie Jesus leben würde

→ wie würde Jesus leben?

Das ist die Weise, in der ich leben will.

→ was würde Jesus tun?

Das ist es, was ich tun will.

→ was würde Jesus glauben?

Genau so will ich auch glauben

Im Namen Jesu beten, heißt zu lernen in Jesu Hand zu schlüpfen.

→ d.h. gemeinsam mit Jesus zu leben

BETEN UND FASTEN

„Da sie aber dem Herrn dienten und fasteten, sprach der heilige Geist."
Apostelgeschichte 13, 2

„Aber diese Art fährt nur aus durch Beten und Fasten." *Matthäus 17, 21*

Manchmal werde ich innerlich dazu gedrängt, zu fasten. Häufig ist das während eines evangelistischen Einsatzes der Fall. An dieser Stelle möchte ich Ihnen mitteilen, welche Erfahrungen ich dabei machte.

1. Ich wurde in besonderer Weise in die Gegenwart Gottes geführt. Es fiel mir leichter, mich im Gebet auf Gott zu konzentrieren. Alle äußeren Einflüsse, die sonst oft das Gebet hemmen, verblaßten, und neue Freude erfüllte meinen Geist.

2. Mir wurde in tieferer Weise Gottes Wort zugänglich. „Der Heilige Geist sprach" — das Wort Gottes wurde lebendig und sprach mich mit neuer Macht an. Ich erkannte Dinge, die ich vorher noch nicht gesehen hatte. Diese Erfahrungen führten zur Anbetung.

3. Ich erhielt eine neue Liebe für die Verlorenen. Dadurch wurde mein Dienst kraftvoller und eindringlicher. Alles Mechanische, nur Pflichtgemäße verschwand. Es zog mich mit Macht auf die Straße, um Jesus zu bezeugen. Dadurch wurde auch die Fürbitte neu belebt.

4. Mir wurde Vollmacht gegeben, im Namen Jesu zu gebieten.
Oft erlebte ich es, daß gerade in solchen Tagen des Fastens Menschen in die Seelsorge kamen, die frei werden wollten von okkulten Bindungen. Dabei erlebte ich machtvoll den Sieg Jesu über die Mächte der Finsternis.

Fasten ist kein gutes Werk, sondern ein Weg, um die Kraft Gottes zu erfahren und brauchbarer zu werden im Dienst für Jesus Christus.

MEINE „STILLE ZEIT"

Das ist klar – es gibt für die Gestaltung der „stillen Zeit" kein Schema. Das wäre entsetzlich und langweilig. Wir wollen keine Rosenkränze, wo alles wie automatisch abläuft. Das ist totes und tötendes Beten – das ist Geplapper. Christus will Freunde, die sich zu ihm setzen, die hören und antworten, lachen und weinen, die staunen und überlegen.

Daß ich völlig frei mit Jesus Christus rede, zu jeder Tages- und Nachtzeit, wenn die Ampel auf rot steht, mitten in der Verkündigung, bevor ich auf den Klingelknopf drücke – nun, das wissen Sie. Aber ich habe auch eine festgesetzte Zeit am Morgen, in der ich mich einschließe, um mit ihm ganz allein zu sein. Wie ich diese Zeit gestalte, will ich Ihnen gerne berichten.

1. Zuerst übergebe ich mein Leben für diesen Tag neu meinem Herrn.

2. Dann kommt Dank und Anbetung für alles, was in ihm der Welt, seiner Gemeinde und mir geschenkt ist.

3. Jetzt bin ich bereit zu hören, was er mir zu sagen hat. Ich lese in Fortsetzung die Bibel. Ich überdenke jeden Vers und antworte nach jedem Vers mit einem Dank oder einer Bitte, mit Danksagung oder Anbetung.

4. An irgendeiner Stelle werde ich mein Herz ausschütten und brennende Gebetsanliegen vorbringen.

5. Nun überdenke ich den vor mir liegenden Tag und bespreche alle Vorhaben mit Jesus Christus.

6. Die Fürbitteliste kommt an die Reihe. Ich bitte um konkrete Dinge für einzelne Menschen oder danke für bestimmte Personen. Ich nenne auch Menschengruppen, Gemeinden oder Völker.

7. Am Schluß schaue ich die Herrlichkeit meines Herrn an und laß mich von ihr erfüllen.

Spurgeon hat einmal den Rat gegeben: „Wir sollten beten, wenn wir in einer Gebetsstimmung sind, denn es wäre Sünde, eine so gute Gelegenheit zu versäumen. Wir sollten beten, wenn wir nicht in der rechten Stimmung sind, denn es wäre gefährlich, in einem so ungesunden Zustand zu verharren."

Seien Sie gewiß, daß immer dann, wenn Sie beten wollen, sich die Hölle aufmacht, Sie davon abzubringen. Satan fürchtet nichts so sehr wie das Reden eines Menschen mit Gott.

Seien Sie gewiß, daß immer dann, wenn Sie beten, das Größte in Ihrem Leben geschieht, was je geschehen kann. Gott beschenkt uns nie reicher als dort, wo wir beten.

Ich wünsche Ihnen ein Leben des Gebets, denn das ist ein Leben der unausschöpflichen Fülle, ein Leben des Sieges, ein Leben der bezwingenden Freude: Jesusleben.